7
LK 3520.

# HOMMAGE
## A
## MARIE IMMACULÉE

### SOUVENIRS

#### DU PÈLERINAGE D'UN MARSEILLAIS

### A NOTRE-DAME-DE-LA-SALETTE,

*Le 19 Septembre 1852.*

---

> Levavi oculos meos in montes
> Undè veniet auxilium mihi.
> Ps. 120.

MARSEILLE,
TYP. ET LITH. V⁰ MARIUS OLIVE, RUE MAZADE, 28.
1852.

# HOMMAGE
## A
## MARIE IMMACULÉE.

## SOUVENIRS
## Du Pèlerinage d'un Marseillais
## A NOTRE-DAME-DE-LA-SALETTE,

Le 19 Septembre 1852.

> Levavi oculos meos in montes
> Undè veniet auxilium mihi.
> Ps. 120.

Depuis six ans, tout le monde, en France et dans l'étranger, parle de l'apparition de la Sainte-Vierge à deux bergers, Maximin Giraud et Mélanie Mathieu, le 19 septembre 1846, sur la montagne de la Salette, canton de Corps, département de l'Isère.

Pendant plus de vingt mois le clergé de Grenoble avait gardé sur ce fait un silence prudent et absolu. Mais après un examen sérieux et prolongé, la commission nommée par Mgr l'évêque de Grenoble publia son rapport sur la réalité de l'apparition. Des adhésions nombreuses et des plus honorables furent données à ce rapport, qui a été traduit dans toutes les langues européennes. Enfin, la réalité de l'apparition fut solennellement proclamée par le prélat dans ses mandemens du 19 septembre 1851 et 1er mai 1852.

Une souscription en faveur du sanctuaire de la Salette a été ouverte dans la capitale même du monde chrétien. Dans plusieurs diocèses, et avec l'assentiment des évêques, des sanctuaires sont élevés à N.-D.-de-la-Salette, par exemple à Nantes et à Morlaix, dans le département du Nord, en Belgique, etc. A Luçon et dans d'autres villes épiscopales, la fête du 19 septembre (Notre-Dame-des-Sept-Douleurs), jour de l'apparition, a été solennisée avec des prières et des chants en l'honneur de Notre-Dame-de-la-Salette. S. Em. le cardinal-archevêque de Malines avait autorisé une neuvaine d'instructions religieuses et de prières pour servir de préparation à cette fête; et le 25 juin 1852, Mgr l'évêque de Bruges avait permis en l'honneur de Notre-Dame-de-la-Salette une neuvaine solennelle dans l'église des religieuses *Pauvres, clairistes collettines*, d'Ypres. Le 19, on bénit solennellement une statue représentant la Sainte-Vierge pendant l'apparition; toute la semaine, des sermons furent prêchés en français et en flamand par les PP. récollets, et le 27 septembre, dernier jour de la neuvaine, une consécration solennelle à la Sainte-Vierge couronna ces pieuses solennités.

Rome devait nécessairement intervenir dans l'examen et la consécration du fait miraculeux, et Mgr l'évêque de Grenoble s'était empressé de l'instruire aussitôt que l'enquête ordonnée par lui eût révélé des caractères de certitude. Dès les premiers jours de juillet 1851, ce prélat, après avoir fait bien comprendre aux deux enfans, témoins de l'apparition, que tout fait de ce genre doit être soumis à l'Eglise, leur enjoignit de faire parvenir leur secret au Souverain Pontife Pie IX. Dociles à la voix de leur pasteur, les deux bergers mirent par écrit, et séparément, le secret gardé par eux jusqu'à cette époque avec une constance invincible. Le 18, cette dépêche mystérieuse était remise entre les mains de S. S. par deux prêtres députés à Rome à cet effet : MM. Rousselot et Gerin. Le Pape les reçut avec sa bonté ordinaire, lut devant eux les deux lettres, et ajouta qu'il voulait les relire à loisir; puis il prononça ces paroles : « *Ce sont des fléaux pour la France; mais l'Allemagne, mais l'Italie, mais bien d'autres contrées sont coupables aussi.* »

Au reste, dit-il, en s'adressant à l'abbé Rousselot : « J'ai fait examiner vos deux livres (1) par le promoteur de la foi (Mgr Frattini), il m'a dit qu'ils étaient bien, qu'il en était content, qu'ils respiraient la vérité. »

Nous lisons dans l'*Univers* la liste des graces accordées à l'église de La Salette par le Souverain-Pontife, et il ne nous reste plus qu'à dire comme saint Augustin : *Rome a parlé, l'affaire est finie.* Des graces spirituelles accordées à un sanctuaire ne sont pas, il est vrai, une décision doctrinale ; mais si l'apparition de La Salette paraissait encore douteuse, Rome serait demeurée dans le silence prudent et dans la réserve dont elle ne sort que pour instruire et ordonner.

Les graces dont parle le journal l'*Univers* sont les suivantes :

« 1° Un rescrit du 24 août 1852 déclare privilégié à perpétuité le maître-autel du sanctuaire de La Salette ;

« 2° Un rescrit du 26 août 1852 accorde la permission de dire la messe de *Beatâ* tous les jours de l'année, excepté certaines fêtes et féries privilégiées, à tous les prêtres qui vont à La Salette ;

« 3° Un Bref du 26 août 1852 accorde aux membres de la Confrérie de Notre-Dame-Réconciliatrice-de-La-Salette : 1° une indulgence plénière le jour de leur entrée dans la Confrérie ; 2° une indulgence plénière *in articulo mortis* ; 3° une indulgence plénière une fois par an, le jour de la fête principale de la Confrérie ; 4° indulgence de sept ans et sept quarantaines, quatre fois par an, à quatre jours fixes ; 5° soixante jours d'indulgence pour chaque œuvre de piété ou de charité accomplie par eux ;

« 4° Par un Bref du 3 septembre 1852, indulgence plénière une fois l'an à tous ceux qui visitent l'église de La Salette ;

« 5° Bref du même jour, indulgence plénière aux fidèles qui suivront les exercices des missions ou des retraites prêchées par les missionnaires de La Salette ; indulgence de deux cents jours chaque fois que l'on assiste à une de ces prédications ;

« 6° Bref du 7 septembre 1852, pouvoir donné pour dix

(1) Contenant l'histoire de l'apparition.

ans aux missionnaires de La Salette de bénir et d'indulgencier les croix, médailles et chapelets;

« 7° Bref du même jour, pouvoir de donner le scapulaire aux fidèles ;

« 8° Bref du même jour, érection en archiconfrérie de la Confrérie de Notre-Dame-Réparatrice-de-La-Salette. »

En voilà assez sur un fait que je n'ai pas mission d'examiner, et que je ne discute point, parce que j'y crois, et que la foi m'a conduit au sanctuaire qui doit en perpétuer le souvenir.

Le vendredi 17 septembre 1852, j'arrivais à Grenoble, venant de la Grande-Chartreuse. Je dus m'estimer fort heureux d'avoir, plusieurs jours d'avance, arrêté des places pour Corps en payant comme pour Gap, car un mouvement extraordinaire régnait autour des bureaux : l'encombrement était partout, les voitures manquaient aux nombreux solliciteurs, et un Allemand, venu de Baden avec sa femme tout exprès pour visiter la Salette, paya 80 fr. une voiture pour aller de Grenoble à Corps (12 lieues).

Sur notre route, nous rencontrâmes des caravanes de voyageurs des deux sexes faisant le pèlerinage à pied, et je vis, non sans être ému, de pauvres gens qui cheminaient sans bas et sans souliers, le chapelet à la main.

Le 18 au matin, j'arrivais à Corps; dans l'après-midi, je me mettais en route pour la montagne de l'apparition, comme l'appellent les gens du pays. J'étais avec mon père et un musicien de Dijon dont la piété sincère nous a fort édifiés. Un guide nous traçait la route et portait nos petits bagages.

Au sortir de Corps, on s'engage dans une gorge étroite au nord-est du village, et l'on suit un chemin à mi-côte ; une marche d'une heure environ sur une pente bien ménagée conduit à un ravin sur la rive droite. A quelques pas de là, et sur les limites du territoire de Corps, est une chapelle nommée N.-D.-de-Gournier; viennent ensuite des montées rudes et nombreuses qui se succèdent presque sans interruption.

Ayant tourné vers le nord, on arrive à une seconde chapelle dédiée à St-Sébastien, et dont le frontispice porte cette invocation : *Saint Sébastien priez pour nous et préservez-nous de la peste.* C'est sans doute un souvenir de la terrible contagion que l'armée du marquis d'Humières apporta d'Italie en 1650, et qui fut la dernière de ce genre avant la peste de 1720.

Laissant la chapelle à droite, et appuyant de l'autre côté, on parvient enfin à l'issue de la gorge.

Tout à coup, un vaste demi-cercle de collines se déroule devant le pèlerin. En face, on aperçoit, à une grande hauteur, le mont dit *Sous-les-Baisses*, dont la croupe arrondie est surmontée d'une grande croix. C'est derrière ce signe du salut, et sur le versant opposé de la montagne, qu'a eu lieu l'apparition de la Sainte-Vierge.

Après les hameaux des *Ablandins* et d'*Ourcières*, situés sur ce chemin, commence la formidable montée qui conduit au lieu devenu si célèbre. Le sentier y est naturellement très scabreux et fort incliné. On voyait, de distance en distance, des ouvriers occupés à frayer une route plus commode aux pèlerins, qui se succédaient presque sans interruption.

Il nous tardait d'arriver. Après quatre heures d'une marche pénible, nous apercevons quelques cabanes de bois ; puis tout à coup des voix douces mêlées à d'autres fortes et sonores unissent leurs harmonies au-dessus de nous. Le terme de notre voyage était là, et l'émotion qui nous saisit nous eut bientôt fait oublier les fatigues de la route.

Nous nous dirigeâmes aussitôt vers la chapelle provisoire en planches, pour remercier la Sainte-Vierge de notre heureuse arrivée. Une foule compacte et religieusement prosternée remplissait l'enceinte, peu spacieuse. Nous réussîmes à entrer, malgré la presse, et restâmes là quelques instants.

La chapelle est de la plus grande simplicité. Du côté de l'Evangile, on a placé, dans un vitrage, un morceau de la pierre d'ardoise sur laquelle la Sainte-Vierge était assise quand elle apparut aux bergers. Cette pierre porte les sceaux de l'évêque de Grenoble. Les parois de la chapelle sont tapissés de nombreux *ex-voto*, et sur l'autel on voit une belle statue de Marie (l'Immaculée Conception). C'est un don fait, le 19 septembre 1849, par un Marseillais, M. de Rey de Garidel.

En face de cette chapelle provisoire et sur ce même plateau acquis par Mgr l'évêque de Grenoble, on construit en ce moment une belle église, monument de la reconnaissance du peuple pour la miséricordieuse bonté de Marie. La première pierre a été solennellement posée, le 25 mai 1852, par les évêques de Grenoble et de Valence, au milieu d'un nombreux concours de fidèles. Plus de cent ouvriers y travaillent activement, et l'on espère que le service divin pourra y être célébré l'année prochaine.

Cette église, assez vaste, est à trois nefs, du style romano-byzantin. Une statue de la Sainte-Vierge dominera la flèche du clocher. Au côté gauche du temple est adossée la maison des missionnaires, que l'on construit en ce moment; de l'autre côté sera établi un hospice destiné aux pèlerins. On a eu le bonheur de trouver, dans une montagne voisine, une carrière d'ardoise pour les bâtisses.

Ces constructions, dans un lieu de difficile accès et dépourvu de toutes ressources, exigeront des dépenses considérables. Aussi Mgr l'évêque de Grenoble, dans son mandement du 19 septembre 1851, a-t-il fait appel au concours généreux des prêtres et des fidèles, non seulement de son diocèse, mais de la France et de l'étranger. Sa voix a été entendue. et une commission de prêtres et de laïques est chargée de surveiller les constructions et l'emploi des offrandes. Puisse chaque enfant de Marie apporter son offrande à ce sanctuaire qui perpétuera le souvenir de sa miséricordieuse bonté.

Par son mandement du 1er mai 1854, Mgr l'évêque de Grenoble a créé, pour desservir le sanctuaire de N.-D.-de-la-Salette, un corps de missionnaires diocésains. Ces prêtres séjourneront sur la montagne pendant la saison des pèlerinages, et, quand l'hiver les forcera de l'abandonner, ils évangéliseront les différentes paroisses du diocèse.

Après notre visite à la Sainte-Vierge, nous allâmes faire notre provision d'eau à la fontaine dite de Sezia, au-dessus de laquelle Marie apparut aux bergers. Le spectacle qu'elle offrit à mes yeux était aussi extraordinaire que touchant. Une foule pressée, et qui se renouvelait sans cesse, luttait d'ardeur et de zèle pour arriver jusqu'à la source bienfaisante. Depuis l'après-midi, la fontaine n'avait pas cessé un moment d'être assaillie et cernée de toutes parts. Tous les fidèles, armés, les uns de bouteilles, les autres de cantines de ferblanc, s'efforçaient de percer la barrière humaine qui les séparait de l'homme de peine chargé de pourvoir aux demandes des pèlerins.

Celui-ci, la tête penchée, les genoux en terre, le corps entièrement couvert par les flots du peuple, avait bien de la peine à puiser de temps en temps un certaine quantité d'eau qu'il remettait aux plus voisins.

Cette affluence, qui n'avait pas cessé, même pendant la nuit, était plus considérable encore le lendemain. Bien des personnes furent réduites à quitter la place sans avoir pu se procurer une goutte d'eau, et un jeune homme, venu de Beauvais, ne put satisfaire sa dévotion qu'avec le secours et la garantie de l'aubergiste, qui remplit à domicile la bouteille du voyageur.

L'eau de la source du *Sézia* est douce, fraîche et légère ; malgré sa fraîcheur, on assure qu'elle peut être bue en quantité et sans inconvénient, même par des personnes en moiteur. Il faudrait un autre mot pour décrire l'état causé chez moi par la pression de la foule : j'étais littéralement baigné de sueur ; cependant j'ai largement usé de l'eau, comme bien d'autres, et l'on ne cite pas un seul fait où cette imprudence ait amené aucun accident. Cette eau, bénie par la Sainte-Vierge, guérit les malades, et n'en fait pas.

Avant l'apparition de 1846, cette fontaine était très peu abondante toute l'année, et à sec durant l'été. Elle ne coulait que par intervalles au moment où les grandes pluies et la fonte des neiges venaient l'alimenter. Maintenant elle coule sans interruption depuis six années, quoique des sécheresses aient eu lieu dans l'intervalle.

La Sézia sort de dessous un banc d'ardoise fort épais et donne tout au plus un demi pouce d'eau (mesure de fontainier). Au-dessus est une niche dans laquelle Mélanie (la jeune bergère) a placé une statue, dont les vêtemens, grossiers, il est vrai, ont été préparés par elle avec l'intention de donner une idée de ceux que portait la figure céleste qui lui est apparue.

On se propose d'élever au-dessus de la fontaine un oratoire où l'on représentera la Sainte-Vierge apparaissant aux bergers.

A partir de ce point et en remontant vers la chapelle est le chemin de la Croix, tracé sur le passage suivi par la Sainte Vierge. Il s'étend depuis l'endroit où elle a parlé aux enfans et qui est désigné par une croix dite de la *Conversation* jusqu'à celui où elle a disparu à leurs yeux et où s'élève la croix de l'*Assomption*. Celle-ci est couverte de chapelets, de rubans, de fleurs entrelacées, d'images ; on y voit aussi plusieurs béquilles, souvenir de guérisons obtenues.

De toutes les croix qui marquent les stations, pas une seule n'est intacte. La dévotion des pèlerins, les a toutes coupées, rognées dans le sens de leurs arrêtes. Deux surtout, la seconde et la dernière, qui rappellent des souvenirs plus précieux, étaient terriblement endommagées et ne tenaient presque plus sur leur base. Cette dévotion, tant soit peu vandale, prouve au moins que la foi n'a pas déserté notre pays.

La plupart des pèlerins, en s'éloignant de la source, remontaient de croix en croix et, formant une chaîne continue et bien serrée, accomplissaient l'acte de dévotion si connu dans nos églises et qui a pour but d'honorer la Passion du Sauveur.

Chaque soir, à sept heures, les missionnaires de La Salette réunissent les ouvriers qui travaillent à la construction de l'église et font avec eux la prière, suivie de cantiques en l'honneur de la Sainte Vierge.

Le samedi, veille de l'apparition, la chapelle ne pouvait contenir tous les pèlerins, accourus aux exercices. Tous, les uns dans l'enceinte, les autres dehors, suivaient religieusement la prière et y répondaient. Une demoiselle, dont la mère avait été guérie par l'intercession de la Sainte Vierge, chanta en l'honneur de Notre-Dame-de La-Salette, des cantiques composés par un missionnaire, M. l'abbé Sibillat; la masse des pèlerins répétait après elle :

> A La Salette,
> Mon cœur répète
> Ce doux refrain :
> Vierge si bonne,
> Sois la patronne
> Du pèlerin.

—

Notre-Dame-de-La-Salette
Priez pour la France et pour nous,
Priez le Seigneur, qu'il arrête
Les traits de son juste courroux.

A dix heures du soir, le chemin de la Croix fut fait solennellement et en commun, du point de l'apparition à celui de l'Assomption. Chacune des croix qui marquent les quatorze stations, portait une bougie enveloppée de papier blanc. Ces lumières, au milieu d'une nuit obscure et parfaitement calme semblaient jalonner de feu la voie douloureuse et cette autre voie que Marie avait tracée sur la roche le jour où elle vint révéler à deux enfans des montagnes les nouveaux châtimens qui menaçaient leur patrie.

A chaque station, M. l'Abbé S.billat prêchait le mystère qu'elle rappelait. Sa voix mâle et sonore, qui retentissait au loin, trouvait de l'écho dans le cœur des pèlerins; les pleurs, les sanglots de cette foule en offraient la preuve. Deux hommes, d'une taille élevée, se faisaient remarquer au milieu d'elle. C'étaient deux anglais, autrefois membres de l'Université d'Oxfort et ministres protestans, convertis à la religion d'Alfred-le-Grand et de St-Edouard. Munis de lettres de recommandation du cardinal Wisemann, ils étaient venus tout exprès à la Salette pour protester par leur présence contre l'indigne outrage que l'Angleterre hérétique avait fait à la reine des cieux.

Arrivé à la dernière station, celle où la sainte Vierge disparut aux yeux des bergers, le missionnaire, s'abandonnant à tout le feu de l'inspiration, jeta dans le sein de ses auditeurs les émotions les plus touchantes. A sa voix on pria pour le bonheur de la France; puis l'orateur entonna la prière du *Parce Domine* que l'on répéta trois fois et que suivit la belle invocation du *Salve Regina*. A ces accens, la multitude, enthousiasmée, s'oubliait elle-même, elle aspirait au ciel; la terre avait disparu pour ces âmes ardentes et pieuses, et toute la nuit, leurs chants joyeux en l'honneur de Marie préludèrent à la fête du lendemain.(1)

Les messes commencèrent à minuit précis, pour ne cesser qu'après-midi. Dès le point du jour des paroisses entières arrivèrent processionnellement, précédées de leurs curés et chantant des cantiques d'allégresse. L'autel de la chapelle

---

(1) La fête de l'apparition tombait, cette année, au 3me dimanche de septembre, jour où la liturgie romaine indique la fête de Notre-Dame-des-Sept-Douleurs. Mais le diocèse de Grenoble, qui suit encore le rit Viennois, faisait, ce jour là, l'office de la Vierge comme pour la fête du Rosaire.

était double: plus de cinquante prêtres y célébrèrent successivement le saint sacrifice; plus de cinq mille fidèles communièrent. Depuis la matinée du samedi jusqu'à midi du dimanche, les confessionnaux étaient assiégés. Les missionnaires n'auraient pu suffire à cet empressement ; mais un grand nombre de prêtres, venus de plusieurs diocèses de la France, et même de l'étranger, avaient prêté leur concours pour exercer, au milieu de la foule des pèlerins, le ministère de réconciliation.

A neuf heures du matin, la grand'messe fut chantée en plein air. Un autel en planches, bien décoré, s'élevait sur le versant de la montagne de Gargas, vis-à-vis le chemin de la Croix. L'officiant était M. l'abbé Rousselot, chanoine et vicaire-général de Grenoble. Tous les prêtres formaient un demi cercle au-devant de l'autel. Plus de dix mille pèlerins s'étaient rangés en amphithéâtre, les uns sur la colline en dessous de la chapelle, les autres le long du ruisseau de Sézia où coule la fontaine de l'Apparition. D'autres pressés autour de celle-ci, ne formaient, pour ainsi dire qu'un seul groupe.

Deux vastes chœurs s'étaient organisés d'eux-mêmes : sur la rive droite se trouvaient le chœur principal et tous ceux qui entouraient l'autel. L'autre chœur, placé sur la rive gauche, répondait à ces chants. Jamais concert ne m'a plus profondément ému ; jamais la voix des hommes ne m'a paru plus énergique, plus victorieuse, plus écrasante.

Après l'Evangile M. l'abbé Sibillat a lu d'une voix forte la circulaire de Mgr l'évêque de Grenoble, en date du 12 septembre, annonçant les graces accordées par Pie IX, et faisant savoir que, dans cet instant même, la fête de l'Apparition se célébrait pour la première fois dans tout le diocèse. Le zélé missionnaire a rappelé ensuite éloquemment le miracle dont le souvenir avait amené dans les montagnes cette immense réunion de fidèles. La foule, immobile, attentive, semblait suspendue aux lèvres du pieux et ardent orateur.

Après la grand'messe et la bénédiction, le Saint Sacrement a été porté en procession dans la chapelle.

A une heure après midi les vêpres de la Vierge commencèrent en plein air devant le reposoir. L'affluence des fidèles était la même que le matin ; mais le temps, qui avait été si beau depuis le samedi, vint à changer. Les variations subites de la température, si ordinaires sur les points élevés, eurent bientôt amoncelé d'obscures vapeurs, l'azur du ciel disparut, et l'on commençait à peine le Psaume *Nisi Dominus edificaverit Domum*, que la pluie commença et tomba avec force pendant une heure.

Les chants avaient tout à coup cessé, tout le monde cherchait un abri ; le clergé dut revenir à la chapelle. On donna aussitôt la bénédiction du Saint-Sacrement, et le chant du *Laudate* termina la cérémonie.

Tout étant fini sur la montagne sainte, les pèlerins quittèrent, non sans regret, ces lieux de bénédiction et de prière. Pour moi, j'eus besoin d'un pénible effort pour m'en arracher. L'aspect de ces lieux sanctifiés par un miracle avait parlé à mon cœur ; la conviction, qui déjà s'y était formée, était devenue inébranlable. Comme l'apôtre sur le Thabor, j'aurais voulu pouvoir élever un abri sur ces rochers, car il y *faisait bon vivre* pour un chrétien.

En arrivant à Corps, nous pûmes encore assister à un sermon dans lequel M. le curé de la cathédrale de Grenoble vint rappeler à une foule pieuse, grossie encore par le retour des pèlerins, le miracle de la Salette et les sentimens qu'il devait exciter chez tous les fidèles digne de ce nom.

Avant de clore ce récit, je crois devoir donner un avis utile aux pèlerins de N.-D.-de-la-Salette.

Les missionnaires donneront, en 1853, quatre retraites publiques : la première commencera le 25 mai, jour anniversaire de la pose de la première pierre de l'église, et finira le 31 par la clôture solennelle du Mois de Marie ; la seconde durera du 8 juillet au 16, fête de N.-D du Mont-Carmel : la troisième comprendra les huit jours entre le 7 août et l'Assomption, la quatrième enfin commencera le 12 septembre et finira le 19, anniversaire de l'apparition de 1846.

A dater du 1er mai 1853, les missionnaires pourront loger les pèlerins de l'un et de l'autre sexe qui désireront rester pendant un ou plusieurs jours sur la montagne.

J.-B. SARDOU.

MARSEILLE.—Typ. et Lith. Vᵉ Marius OLIVE, rue Mazade, 28.

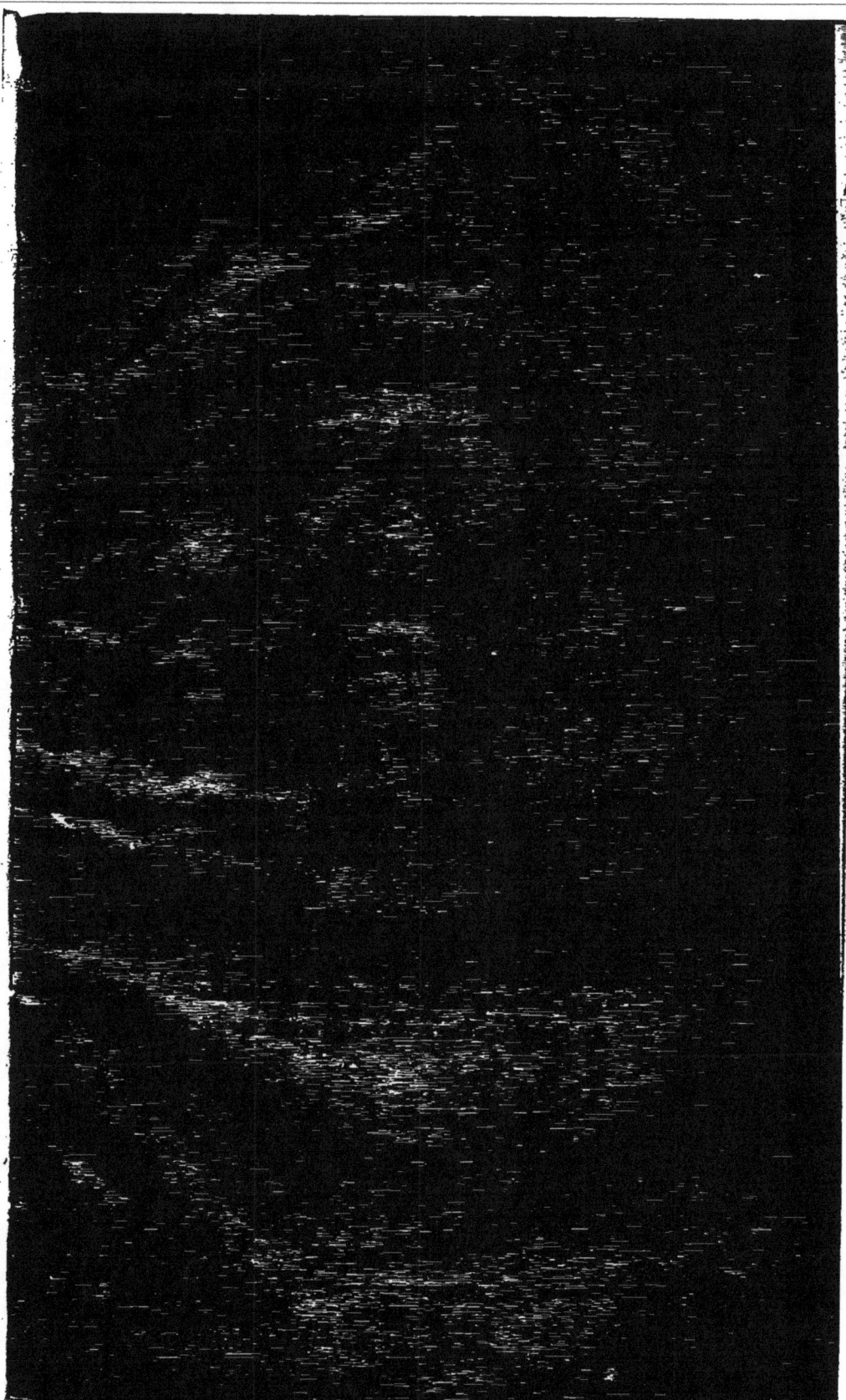

www.ingramcontent.com/pod-product-compliance
Lightning Source LLC
Chambersburg PA
CBHW070537050426
42451CB00013B/3061